Rum 2023

Utforska de rika smakerna och dofterna i Karibiens mest ikoniska sprit med denna fantastiska kokbok

Stefan Bergman

INNEHÅLLSFÖRTECKNING

KINESISK COCKTAIL 12
CHOKLADA 13
CHOKLADKAKA 14
CHOKLAD COLADA 15
CHOKLADTÄCKAD JORDGUBB 16
JULGLÄDJE 17
CHUNKY MONKEY MARTINI 18
KANELTOAST 19
CITRUSKLÄMMA 20
CLAM VOYAGE 21
DEN KLASSISKA ORRKANEN 22
COC AMOR 23
COCKSPUR BAJAN SOLNEDGÅNG 24
COCKTAIL TROPIQUE 25
COCO COW 26
COCO LOPEZ LIMÓN MADNESS 27
COCO LOPEZ LIMÓNADE 28
COCO LOPEZ LILA PASSION 29
COCO NAUT 30
COCO POM 31
KAKAOBANAN TINI 32
KAKASTRAND 33
COCOBANA 34
SAMMANSÄTTNING 35
KOKOSBANAN COLADA 36

KOKOSBROWNIE 37
KOKOSMOLN MARTINI 38
KOKOSCOLADA 39
COCONUT GROVE 40
KOKOSHONÖG 41
KAFFEKRÄMKYLARE 42
KOLONISTEN 43
COLUMBUS COCKTAIL 44
SAMMANSÄTTNING 45
KONTINENTAL 46
KORKSKRUV 47
CORUBA KÖR 48
COQUITO 49
KO PUNCHER 50
CRAN-RUM TWISTER 51
TRINBÄRSKYSS 52
CRANBERRY MINT RICKEY 53
KRÄMPUFF 54
Gräddläsk 55
KRÄMIG SLÄTT ÄGGNOG PUNCH 56
KREOLE 57
CRICKET 58
KRÅKBO 59
CRUZAN OSTKAKA MARTINI 60
CRUZAN GIMLET 61
CRUZAN ISLAND MIST 62
CRUZAN MAI TAI 63

CRUZAN SUZAN 64
KRISTALLPUNCH 65
KUBA LIBRE 66
MÖRK 'N' VÅRD 67
MÖRK 'N' STORMIG 68
MÖRKA HEMLIGHETER 69
DÖD ELVIS 70
DEPAZ APRICOS COLLINS 71
DERBY DAIQUIRI 72
DJÄVELSVANS 73
DON Q FIRANDE PUNCH 74
DON Q CHAMPAGNE PUNCH 75
DON Q SEMESTER PUNCH 76
DRUKEN APA 77
DUBBA DJÄVEL 78
DYN-O-MITE DAIQUIRI 79
PÅSKCOCKTAIL 80
FÖRmörkelsen 81
EL CONQUISTADOR 82
UNDVIKANDE rödhårig 83
EXTRA OCH INGEFÄRA 83
FALLANDE LÖV 85
FANNYS FAVORITT 86
BRANDMANNS SUR 87
FLAMINGO 88
FLIRTA MED SANDPIPER 89
FLOR FUSION 90

FLORIDITA 91
LYCKTRÄFF 92
FLYGANDE KÄNGURU 93
FÖRBJUDET NJÄTT 94
FYRA SÄSONGER STARR MARTINI 95
FOURSQUARE PIÑA COLADA 96
FRANSK COLADA 97
FRANSK ANSLUTNING 98
FROSTIG FRIAR 99
FRYST BERKELEY 100
FRYST TROPISK SPLIT 101
FRYST TROPISK JORDGÄBAR MARGARITA 102
FRYST VIT-LOCK 103
FUNKY PYRAT 104
LUMMIG CHARLIE 105
LUDDIG MANGO 106
GANGREN 107
TYSK CHOKLAD MARTINI 108
GINGERA COLADA 109
GINGER SMASH 110
GINGER SNAP 111
GULDKUR 112
GULGDÅS 113
GULD SOLNEDGÅNG 114
STEN & GRUS 115
JORDGUBB TROPICOLADA 116
LIDER BASTAD 117

SOMMAR I BELIZE	118
SOMMARTID	119
SUNSPLASH	120
SOLBRÄNNA	121
SURFER PÅ X	121
SURFEN ÄR UPP	122
SÖT UPPGIFT	123
TAGORU	124
TATUERING	125
FRESTELSEN	126
TENNESSEE TWISTER	127
TRE MILE Ö	128
BLIXT	129
TIKI	130
TIKI SOUR	131
TOMMYS BIE	132
TONYS ÄNNU INTE KÄMDA ROMPUNCH	133
ÖVERST HYLLAN LÅNG Ö	134
TOPP TIO	135
TORTUGA BANAN BREEZE	136
TORTUGA COLADA	137
TORTUGA PIRAT PUNCH	138
SKATT	139
RESA TILL STRANDEN	140
TROPIC FRYS	141
TROPISK BANANBOL	142
TROPISK BANANDROPPE	143

TROPISK BRIS 144

TROPISK GLÄDJE 145

TROPISK KLIA 146

TROPISKT PARADIS 147

TROPISK TINI 148

TROPISK SKATT 149

TROPISK VÅG 150

TROPICO 2000 COCKTAIL 151

RIKTIG PASSION 152

TWISTED ISLAND BREEZE 153

UNDER TÄCKET 154

VAMPYR 155

VANILLE KÖRSBÄR 156

VANILLPASSION 157

VANILJSTÄNK 158

VANILLE SOLUPPGÅNG 159

SAMMET ROSA 160

VICIOUS SID 161

VIRGIN-ILAND KAFFE 162

VOODOO DOCKA 163

VOODOO-MAGI 164

VOODOO VULKAN 165

VOYAGER 166

V/XTASY 167

VALSBANAN 168

VÅGSKÄRAREN 169

VÄLKOMMEN 10 170

VALBEN	171
WAL'S ANDAS	172
DEN VILDA ORRKANEN	173
VINTER I TRINIDAD	174
HÄXDOKTOR	175
X-TREME COLADA	176
GUL FÅGEL	177
ZIGGYS STARRDUST	178
ZOMBIE 151°	179
ZOMBIE HUT'S KOM-OM-JAG-VILL-LEI-YA	180
ZOMBIE HUTS MAMA'S BANA BANANER	181
AVOKADOSOPPA	182
BACARDI DUBBELCHOKLAD ROMKAKA	183
BACARDI PEACH COBBLER	185
BACARDI JORDGUBBSMUS	187
BANANFOSTER	188
PANERADE Fläskkotletter med örter	189
BURRITOS	190
SMÖRDA REDBETOR	191
KANDIERAD YAMS	193
CHEDAR OSTSÅS	194
KÖRSBORDSSKINKA	195
KYCKLING UPPSTÄRKNINGAR	196
KYCKLINGSALLAD	197
Kycklingpinnar	198
KOKOSRIS & DRUCKNA ÄRTER	199
Grädde AV SVAMPSOPPA	201

DAIQUIRI PAJ ... 202

FETTUCCINE A LA RUM ... 203

FÄRSK TRINBÄRSSÅS ... 204

FRUKTSALLAD MED PIÑA COLADA-DRESSING ... 205

GUACAMOL ... 207

HOLLANDAISESÅS ... 208

MALIBU ROMTÅRTA ... 209

MANGO FLAMBÉ ... 211

MARINERAD KYCKLING ... 212

MINIBOLLAR ... 213

MOKAPAJ ... 214

MORGANS KRYDDA PÄRON MED VANILJROMKRÄM ... 215

LÖKSOPPA ... 217

PARMESAN OST SPRIDNING ... 218

KINESISK COCKTAIL

1½ uns. Jamaica rom

1 msk. grenadin

1 skvätt bitter

1 tsk. maraschino

1 tsk. trippel sek

Skaka med is och sila upp i ett cocktailglas.

CHOKLADA

2 oz. Bacardi ljus rom

1½ uns. Coco Lopez riktig kräm av kokos

1½ uns. mjölk

1 oz. mörk crème de cacao

vispad grädde till garnering

chokladbitar till garnering

    Blanda med 1 kopp is. Garnera med vispad grädde och chokladbitar.

CHOKLADKAKA

¾ uns. Whaler's coconut rom

¾ uns. vit créme de cacao

¼ uns hasselnötslikör

stänk halvt och halvt

vispad grädde till garnering

Skaka och sila över i ett gammaldags glas över is. Garnera med vispad grädde.

CHOKLAD COLADA

2 oz. rom

2 oz. Coco Lopez riktig kräm av kokos

2 oz. hälften och hälften

1 oz. chokladsås

Blanda med 1 kopp krossad is. Servera i ett högt glas.

CHOKLADTÄCKAD JORDGUBB

1 oz. rom

½ uns. Kahlúa

½ uns. trippel sek

10 jordgubbar

Blanda med krossad is. Servera i ett cocktailglas.

JULGLÄDJE

1½ uns. Newfoundland Screech rom

3 oz. äggtoddy

riven muskot till garnering

    Häll upp i ett glas över is, rör om och toppa med ett stänk muskotnöt. Tänd elden, häng strumporna och vänta på goda St. Nick.

CHUNKY MONKEY MARTINI

2 oz. Cruzan romkräm

1 oz. Cruzan bananrom

¼ uns mörk crème de cacao

Häll de två första ingredienserna i ett mixerglas med is och tillsätt mörk crème de cacao. Rör om och sila ner i ett martiniglas.

KANELTOAST

1¼ uns. Captain Morgan Original kryddad rom

6 oz. varm äppelcider

socker och kanel till glaskanten

    Rimma glaset med socker och kanel. Tillsätt varm cider och rom. Blanda med krossad is tills det är slaskigt.

CITRUSKLÄMMA

2 oz. 267 mango rom

1 oz. 267 apelsin vodka

Servera på stenarna med en apelsinsklyfta vid sidan av. 80

CLAM VOYAGE

1 oz. Bacardi ljus eller mörk rom

¼ uns konjak med äppelsmak

1 oz. apelsinjuice

skvätt apelsinbitter

DEN KLASSISKA ORRKANEN

2 oz. Sailor Jerry Spiced Navy rom

1 msk. passionsfruktsirap

2 tsk. limejuice

Skaka med is och sila upp i ett cocktailglas.

COC AMOR

1½ uns. CocoRibe rom

½ uns. amaretto

2 oz. citron juice

maraschino körsbär till garnering

Skaka med is; servera i ett högt glas med maraschino körsbär.

COCKSPUR BAJAN SOLNEDGÅNG

1 oz. Cockspur fin rom

2 oz. tranbärsjuice

2 oz. apelsinjuice lime

skiva till garnering

Servera över is och garnera med en limeskiva.

COCKTAIL TROPIQUE

3 delar White Rhum de Martinique

½ del sockerrörssirap

1 del sirap av grenadine

2 delar citronsaft

Skaka med is.

COCO COW

1 oz. Captain Morgan Original kryddad rom

1 oz. grädde av kokos

2 oz. hälften och hälften

Blanda med 1 dl krossad is tills den är slät och häll upp i ett glas.

COCO LOPEZ LIMÓN MADNESS

½ uns. Bacardi Limón rom

½ uns. Coco Lopez riktig kräm av kokos

1 oz. apelsinjuice

1 oz. tranbärsjuice

Blanda med krossad is. Servera i ett högt glas.

COCO LOPEZ LIMÓNADE

1 oz. Bacardi Limón rom

3 oz. Coco Lopez lemonad

Blanda med krossad is.

COCO LOPEZ LILA PASSION

1½ uns. Bacardi ljus rom

3 oz. Coco Lopez lila passion colada mix

Blanda med krossad is.

COCO NAUT

2 oz. Wray & Nephew rom

2 oz. Coco Lopez riktig kräm av kokos

¼ uns färskpressad limejuice

Blanda med krossad is och servera i en tumlare.

COCO POM

¼ uns Captain Morgan Parrot Bay kokosrom

1½ uns. Smirnoff nr 21 vodka

2 oz. Granatäpple-juice

1 tsk. kokosflingor

Skaka de tre första ingredienserna över is och sila över i ett kylt martiniglas. Toppa med kokosflingor.

KAKAOBANAN TINI

1¼ del Malibu Tropical bananrom

¾ del Hiram Walker vit kakao

¾ del halv och halv

bananskiva till garnering

kanel till garnering

Skaka och sila ner i ett martiniglas. Garnera med en bananskiva och kanelströssel.

KAKASTRAND

1½ Prichards Crystal rom

4 oz. apelsinjuice

2 oz. ananas juice

1 oz. piña colada mix

Blanda med ¾ kopp is tills det är slaskigt.

COCOBANA

1 del Bacardi ljus rom

1 banan

1 del kokosmjölk

Blanda med krossad is.

Susan McGowan, Oddfellows Restaurant.

SAMMANSÄTTNING

1½ uns. Puertoricansk mörk rom

4 oz. Coco Lopez riktig kräm av kokos

2 oz. limejuice

Blanda med 1 ½ dl is.

KOKOSBANAN COLADA

2 oz. Cruzan kokosrom

¾ uns. Cruzan bananrom

2 oz. Coco Lopez riktig kräm av kokos

3 oz. ananas juice

Blanda med krossad is.

KOKOSBROWNIE

1¼ uns. Captain Morgan Original kryddad rom

¼ uns varm choklad

1 tsk. vispgrädde

Häll de två första ingredienserna i en mugg och toppa med vispad grädde.

KOKOSMOLN MARTINI

1 oz. Tommy Bahama White Sand rom

½ uns. vanilj vodka

½ uns. kokosrom

½ uns. Coco Lopez riktig kräm av kokos

rostad kokos till garnering

Skaka med is. Garnera med rostad kokos.

KOKOSCOLADA

1¼ uns. Captain Morgan Parrot Bay kokosrom

1 oz. mjölk

5 oz. ananas juice

ananasspjut till garnering

Mixa 10–15 sekunder och häll upp i ett specialglas. Garnera med ett ananasspjut.

COCONUT GROVE

1 oz. rom

2 oz. Coco Lopez riktig kräm av kokos

1 oz. apelsinjuice

Blanda med krossad is.

KOKOSHONÖG

1 oz. mörk rom

2 oz. Coco Lopez riktig kräm av kokos

1 oz. honung

Blanda med krossad is.

KAFFEKRÄMKYLARE

1¼ uns. Bacardi ljus eller mörk rom

kallt kaffe att fylla på

grädde efter smak

Häll Bacardi ljus eller mörk rom i ett högt glas till hälften fyllt med is. Fyll med kallt kaffe och grädde efter smak.

KOLONISTEN

2 oz. 10 Cane rom

1½ uns. mörk crème de cacao

färsk grädde på toppen

Kombinera alla ingredienser. Tillsätt is och skaka kraftigt. Sila upp i ett kylt martiniglas. Toppa med ett lager färsk grädde.

COLUMBUS COCKTAIL

1½ uns. Puertoricansk gyllene rom

saft av ½ lime

¾ uns. aprikosbrännvin

Servera över krossad is.

SAMMANSÄTTNING

2 oz. La Mauny vit rom

½ uns. Marie Brizard Ananas

½ uns. Marie Brizard mangolikör

3 oz. apelsinjuice

Skaka och sila upp i ett högt glas över is.

KONTINENTAL

1 oz. Bacardi ljus rom

¼ uns Hiram Walker grön créme de menthe

¾ uns. Roses limejuice

¼ tsk. socker (valfritt)

Vispa. Servera över is.

KORKSKRUV

¾ uns. Bacardi ljus rom

¼ uns Asbach Uralt brännvin

¼ uns portvin

½ uns. citron eller Roses limejuice

Vispa. Servera över is.

CORUBA KÖR

2 oz. Coruba Jamaica rom

½ uns. citron-lime soda

½ uns. grenadin

2 oz. jordgubbsdaiquiri mix

1 oz. apelsinjuice

apelsinklyfta till garnering

körsbär till garnering

Blanda med is tills det är slaskigt. Häll upp i ett högt glas och garnera med en apelsinsklyfta och ett körsbär.

COQUITO

1 ½ uns. Pyrat XO Reserve rom

1 oz. kokosmjölk

1 oz. apelsinjuice

1 äggula

Skaka och servera i ett litet vitt vinglas, rakt upp. Garnera med mald kanel och en apelsin twist.

KO PUNCHER

1 oz. Bacardi ljus eller mörk rom

1 oz. Hiram Walker vit créme de cacao

mjölk att fylla

Häll rom och créme de cacao i ett högt glas till hälften fyllt med is. Fyll på med mjölk.

CRAN-RUM TWISTER

2 oz. Puertoricansk lätt rom

3 oz. tranbärsjuice

citron-lime soda att fylla

limeskiva till garnering

Häll upp i ett högt glas över is. Garnera med limeskiva.

TRINBÄRSKYSS

¾ uns. Captain Morgan Original kryddad rom

2 oz. Collins mix

2 oz. tranbärsjuice

citronklyfta till garnering

Rör i ett highballglas över is. Garnera med citronklyfta.

CRANBERRY MINT RICKEY

2½ uns. 10 Cane rom

2 msk. tranbär (färska eller frysta)

1 oz. färskpressad limejuice

splash club soda

3 myntablad

tranbär till garnering

myntakvist till garnering

Blanda tranbär i ett blandningsglas och blanda med enkel sirap och 10 Cane i 10 minuter. Tillsätt myntablad och rör försiktigt. Tillsätt limejuice och is och rör om. Sila i stenglas med is. Toppa med club soda. Garnera med tranbär och myntakvist.

KRÄMPUFF

1½ uns. Bacardi ljus rom

2 oz. grädde

½ uns. crème de Noyeaux (eller likör med mandelsmak)

Skaka med is. Servera i ett martiniglas.

Gräddläsk

1¼ uns. Captain Morgan Original kryddad rom

¼ uns trippel sek

1 oz. limejuice

2 oz. ananas juice

citronskiva till garnering

Häll upp i ett högt glas över is. Blanda väl. Garnera med citronskiva.

KRÄMIG SLÄTT ÄGGNOG PUNCH

1 flaska (750 ml) Don Q guldrom

12 äggulor

½ pund konditorsocker

1 qt. mjölk

1 qt. tung grädde

riven muskot till garnering

Vispa äggulor tills de blir ljusa (eller använd din favoritäggsmetsmix). Vispa i socker tills blandningen tjocknar. Rör ner mjölk och Don Q guldrom. Kyl 3 timmar. Häll upp i en stansbunke och vänd ner grädde, hårt vispad. Kyl 1 timme och pudra med muskotnöt. Serverar 24.

KREOLE

1¾ oz. Puertoricansk vit rom

3–4 isbitar

2 skvätt citronsaft

3½ uns. nötbuljong

peppar efter smak

salt att smaka

Tabasco efter smak

Worcestershiresås efter smak

Skaka. Servera på stenarna.

CRICKET

¾ uns. Bacardi ljus rom

¼ uns Hiram Walker vit créme de cacao

¼ uns Hiram Walker grön créme de menthe

1 oz. grädde

Skaka. Servera över is.

KRÅKBO

1½ uns. Admiral Nelsons Premium vaniljrom

1½ uns. Pilmelonlikör

3 oz. piña colada mix

3 oz. sur mix

Blanda med is.

CRUZAN OSTKAKA MARTINI

2 oz. Cruzan vaniljrom

1 oz. ananas juice

1 oz. tranbärsjuice

Skaka med is och sila upp i ett martiniglas.

CRUZAN GIMLET

2 oz. Cruzan vit rom

1 msk. sötad limejuice

citron eller limeskiva till garnering

Skaka snabbt med is och sila upp i ett cocktailglas. Garnera med citron eller limeskiva.

CRUZAN ISLAND MIST

2 oz. Cruzan vit eller guld rom

citronskal twist

Häll upp i ett litet gammaldags glas packat med krossad is. Servera med korta sugrör.

CRUZAN MAI TAI

1½ uns. Cruzan vit rom

½ uns. Cruzan guldrom

½ uns. limejuice

½ uns. blå Curacao

½ uns. orgeatsirap

1 tsk. superfint socker

ananasstav till garnering

körsbär till garnering

Häll upp i ett gammaldags glas över sprucken is. Blanda väl. Garnera med ananasstav och ett körsbär. Servera med sugrör.

CRUZAN SUZAN

½ uns. Cruzan rom

1/3 oz. vit crème de cacao

juice av 1 apelsin

Skaka. Häll i en bägare över rakad is.

KRISTALLPUNCH

1½ uns. Prichards Crystal rom

4 oz. apelsinjuice

2 oz. ananas juice

1 oz. piña colada mix

Blanda med ¾ kopp is tills den är slät.

KUBA LIBRE

1 ¾ oz. Bacardi rom

cola efter smak

¼ lime

Häll Bacardi-rom i ett glas och fyll med cola efter smak. Tillsätt lime. Vispa.

MÖRK 'N' VÅRD

1 shot Alnwick rom

cola att fylla

Häll Alnwick-rom i ett högt glas över is och fyll med cola.

MÖRK 'N' STORMIG

1½ uns. Goslings Black Seal rom

3 oz. ingefära öl

citronklyfta till glaskanten

citronklyfta till garnering

Servera i ett högt glas över is. Pressa en citronklyfta runt glasets kant. Garnera med citronklyfta.

Bermudas nationaldrink.

MÖRKA HEMLIGHETER

1 shot Alnwick rom

1 flaska Fentimans ingefärsöl

limepress

Häll upp i ett högt glas över is i den ordning som anges ovan. Pressa i färsk lime.

DÖD ELVIS

2 oz. RedRum

½ uns. 151 rom (att flyta)

½ uns. aprikosbrännvin

1 oz. ananas juice

½ uns. limejuice

2 oz. apelsinjuice

1 tsk. superfint socker

körsbär till garnering

apelsinskiva till garnering

Blanda alla ingredienser utom 151 rom med 1 kopp is. Sila upp i ett cocktailglas. Flyt 151 rom. Garnera med körsbär och apelsinskiva. Servera med sugrör.

DEPAZ APRICOS COLLINS

1½ uns. Depaz Blue Cane bärnstensfärgad rom

4 tsk. aprikoskonserver

½ uns. färsk citronsaft

¾ uns. Crème Peche

1 oz. färskpressad apelsin juice

halvhjuls apelsinskiva till garnering

Skaka kraftigt med is. Sila upp i ett highballglas över färsk is. Garnera med apelsinskiva.

DERBY DAIQUIRI

2 oz. Whaler's Great White rom

½ uns. Hypnotiq

1 oz. limejuice

½ tesked enkel sirap (recept följer)

limeklyfta till garnering

myntakvist till garnering

Skaka kraftigt med is och sila upp i ett cocktailglas. Garnera med limeklyfta och myntakvist.

För att göra enkel sirap: Koka upp 1 dl vatten. Tillsätt 2 dl socker. När sockret är helt upplöst, ta bort från värmen och låt svalna. Förvara i en plastflaska.

DJÄVELSVANS

1 ½ uns. ljus rom

1 oz. vodka

2 tsk. aprikosbrännvin

2 tsk. grenadin

½ uns. limejuice

Skaka med is och servera över is.

DON Q FIRANDE PUNCH

1 flaska (750 ml) Don Q guldrom

16 oz. apelsinjuice

16 oz. osötad ananasjuice

1 32-oz. flaska club soda

3 oz. limejuice

konditorsocker efter smak

Häll de första fem ingredienserna i en stansbunke över is. Rör om försiktigt. Tillsätt socker efter smak. Serverar 12 till 15.

DON Q CHAMPAGNE PUNCH

1 flaska (750 ml) Don Q guldrom

3 ananas

1 1-lb. pkg. florsocker

2 dl citronsaft

½ kopp Arrow Curaçao likör

½ kopp maraschino körsbärsjuice

4 flaskor (750 ml vardera) kyld champagne

Skala, kärna ur och skiva ananasen. Krossa eller hacka skivor i en stor behållare. Lös upp socker och citronsaft och tillsätt i ananas. Tillsätt curaçao, körsbärsjuice och Don Q guldrom. Kyl 2 timmar. Häll i en stansbunke över is, tillsätt champagne och rör om försiktigt. Serverar 20.

DON Q SEMESTER PUNCH

1 flaska (750 ml) Don Q ljus rom

½ dl citronsaft

¼ kopp konditorsocker

1 kopp apelsinjuice

1 kopp tranbärsjuice

1 kopp starkt te

12 kryddnejlika

8 citronskivor

10 maraschino körsbär

Blanda citronsaft och socker i en punchskål. Tillsätt apelsinjuice, tranbärsjuice och te. Häll i Don Q lätt rom. Lägg till kryddnejlika, citronskivor, körsbär och isbitar för att kyla. Serverar 15.

DRUKEN APA

1½ uns. Goslings Black Seal rom

½ uns. bananlikör

4 oz. ananas juice

ananasklyfta till garnering

Skaka kraftigt på is och sila upp i ett martiniglas. Garnera med ananasklyfta.

DUBBA DJÄVEL

2 oz. Wray & Nephew rom

2 tsk. orgeatsirap

2 streck Angostura bitters

3 oz. äppeljuice

3 limepressar

Bygg de två första ingredienserna över isbitar. Toppa med äppeljuice. Tillsätt Angostura bitter och limepress.

DYN-O-MITE DAIQUIRI

2 oz. rom

3 oz. apelsin bananlikör

½ uns. trippel sek

1 oz. limejuice

Skaka med is och servera över is.

PÅSKCOCKTAIL

1 oz. vit Barbancourt rom

½ uns. trippel sek

1 oz. Advocaat

1 oz. apelsinjuice

sodavatten till toppen

Häll de fyra första ingredienserna i ett glas över is. Toppa med sodavatten och rör om väl.

FÖRmörkelsen

1½ uns. Mount Gay rom

1 oz. ananas juice

1 oz. apelsinjuice

Skaka.

EL CONQUISTADOR

1¼ uns. Don Q Crystal rom

5 oz. ananas juice

¼ uns trippel sek

½ uns. hallonlikör

apelsinskiva till garnering

körsbär till garnering

Garnera med en skiva apelsin och ett körsbär.

Från El Conquistador Hotel.

UNDVIKANDE rödhårig

1½ uns. Appleton Estate V/X Jamaica rom

3 oz. Clamato eller Bloody Mary mix

pepparrot efter smak

Tabasco efter smak

svartpeppar efter smak

havssalt efter smak

Worcestershiresås efter smak

limejuice efter smak

selleripinne till garnering

oliver till garnering

Häll upp i ett highballglas kantat med havssalt och/eller peppar. Smaka av med pepparrot, tabasco, peppar, salt, worcestershiresås eller limejuice. Garnera med en selleristång och oliver.

EXTRA OCH INGEFÄRA

1½ uns. Appleton Estate V/X Jamaica rom

6 oz. ginger ale

apelsin eller citronklyfta till garnering

Servera i ett högt glas över is. Garnera med apelsin eller citronklyfta.

FALLANDE LÖV

1 oz. Goslings Black Seal rom

½ uns. Marie Brizard hallonlikör

streck grenadin

4 oz. apelsinjuice

Servera i ett högt glas.

FANNYS FAVORITT

½ uns. Amiral Nelsons hallonrom

½ uns. Amiral Nelsons kokosrom

½ uns. Pilmelonlikör

½ uns. Pil hallonlikör

skvätt ananasjuice

stänk vit läsk

apelsin twist till garnering

körsbär till garnering

Blanda de första fem ingredienserna och häll upp i ett glas över is. Toppa med vit läsk och garnera med en twist av apelsin och ett körsbär.

BRANDMANNS SUR

1½ uns. Bacardi ljus rom

1½ uns. citron- eller limejuice

½ tsk. socker

¼ uns grenadin

club soda till toppen

maraschino körsbär till garnering

citron- eller limehjul till garnering

Blanda de fyra första ingredienserna och toppa med club soda. Garnera med ett maraschino-körsbär och ett citron- eller limehjul.

FLAMINGO

1½ uns. Rhum Barbancourt

saft av ¼ lime

flera streck grenadin

1 oz. ananas juice

Skaka med is och servera på stenarna.

FLIRTA MED SANDPIPER

1½ uns. Puertoricansk lätt rom

½ uns. körsbärsbrännvin

3 oz. apelsinjuice

2 streck orange bitter

Blanda väl.

FLOR FUSION

1 oz. Flor de Cana 4-årig extratorr rom

1 oz. Flor de Cana 7-årig guldrom

½ uns. färsk limejuice

½ uns. apelsinjuice

½ uns. ananas juice

½ uns. tranbärsjuice

¼ uns enkel sirap

skvätt bitter

2 söta Amarena körsbär till garnering

Skaka med is och sila över färsk is i ett highballglas. Garnera med körsbär.

FLORIDITA

1½ uns. Bacardi ljus rom

1 oz. apelsinjuice

½ uns. trippel sek

Skaka och servera över is.

LYCKTRÄFF

1 oz. Whaler's kryddad rom

½ uns. Hypnotiq hjärtlig

5 oz. cola

körsbär till garnering

Häll upp i ett cocktailglas över is. Garnera med körsbär.

FLYGANDE KÄNGURU

1 oz. Rhum Barbancourt

1 oz. vodka

¼ uns Liquore Galliano

½ uns. grädde

¾ uns. kokosgrädde

1½ Oz. ananas juice

¾ uns. apelsinjuice

Skaka.

FÖRBJUDET NJÄTT

1½ uns. Mount Gay Eclipse rom

½ färsk banan

1½ uns. Ponche Kuba

2½ uns. grädde av kokos

2 oz. ananas juice

myntakvist till garnering

Blanda med is och garnera med myntakvist.

FYRA SÄSONGER STARR MARTINI

2 oz. Starr afrikansk rom

2 oz. ginger ale

skvätt passionsfruktpuré

litet streck Cointreau

färska hallon till garnering

Skaka väl med is och sila upp i ett martiniglas. Garnera med ett färskt hallon.

FOURSQUARE PIÑA COLADA

1 oz. Foursquare kryddad rom

5 oz. ananasjuice (plus mer efter smak)

1½ uns. kokosgrädde

körsbär till garnering

Blanda väl vid hög hastighet med 1 kopp krossad is. Häll upp i ett Collins glas och garnera med en körsbärs- och ananasjuice efter smak.

FRANSK COLADA

1½ uns. Puertoricansk vit rom

¾ uns. söt grädde

¾ uns. Coco Lopez riktig kräm av kokos

1½ uns. ananas juice

stänkkassett

¾ uns. cognac

Blanda med 1 skopa krossad is.

FRANSK ANSLUTNING

1 oz. Newfoundland Screech rom

1 oz. Dubonnet

citronskiva till garnering

Häll över is och rör om. Garnera med citronskiva. Parlez-vous français?

FROSTIG FRIAR

¾ uns. vit rom

1½ uns. Frangelico likör

1 skopa jordgubbsglass

Blanda med is.

FRYST BERKELEY

2 oz. ljus rom

½ uns. brandy

1 msk. passionsfruktsirap

1 msk. limejuice

Skaka och servera över is.

FRYST TROPISK SPLIT

1¼ delar Malibu Tropical bananrom

¾ del Hiram Walker vit kakao

1 del jordgubbspuré

2 delar piña colada mix

jordgubbe till garnering

bananskiva till garnering

Blanda med is tills det är slätt. Garnera med jordgubbs- och bananskiva.

FRYST TROPISK JORDGÄBAR MARGARITA

1 del Malibu Tropical bananrom

¾ del Tezon Blanco tequila

1½ del jordgubbspuré

1½ delar färsk sur mix

jordgubbe till garnering

bananskiva till garnering

Blanda med is tills det är slätt. Garnera med jordgubbs- och bananskiva.

FRYST VIT-LOCK

1½ uns. Appleton Estate V/X rom

2 oz. ananas juice

1 msk. limejuice

Blanda med 1 skopa krossad is.

FUNKY PYRAT

1½ uns. Pyrat XO Reserve rom

4 oz. aprikosbrännvin

streck Herbsaint

2 oz. fräscht sött och surt

stänk grenadin

apelsin twist till garnering

myntakvist till garnering

Skaka och sila över is. Garnera med apelsin twist och färsk myntakvist.

LUMMIG CHARLIE

¾ uns. Captain Morgan Original kryddad rom

¾ uns. persikosnaps

2 oz. piña colada mix

4 oz. apelsinjuice

1 skiva ananas

myntakvist till garnering

Häll upp i ett glas över is och rör om. Garnera med myntakvist.

LUDDIG MANGO

2 oz. Brinley mango rom

3 oz. citron-lime soda

apelsinskal till garnering

Servera i ett högt glas och garnera med apelsinskal.

GANGREN

1½ uns. RedRum

3 oz. ananas juice

½ uns. melonlikör

körsbär till garnering

Blanda de två första ingredienserna över is i ett högt glas. Float melonlikör. Garnera med körsbär.

TYSK CHOKLAD MARTINI

½ uns. Captain Morgan Parrot Bay kokosrom

½ uns. Godiva originallikör

½ uns. Smirnoff svart körsbärsvodka

¼ uns Tyska chokladspån

Skaka de första tre ingredienserna med is och sila över i martiniglas. Garnera med tyska chokladspån.

GINGERA COLADA

½ uns. rom

1½ uns. Coco Lopez riktig kräm av kokos

1 oz. Canton Delikat ingefäralikör

Blanda med 1 kopp is.

GINGER SMASH

1½ uns. 10 Cane rom

¾ uns. Luxardo maraschino körsbärslikör

¾ uns. Berentzen äppellikör

½ uns. färskpressad limejuice

2 tändsticksaskstora bitar färsk ananas

2 långa tunna skivor färsk ingefära

1 tsk. stångsocker

ananasblad till garnering

Blanda ananas, ingefära och socker till en konsekvent pasta i botten av ett mixerglas. Tillsätt resten av ingredienserna och fyll mixerglaset till hälften med is. Skaka kort och häll osynad i en sten eller gammaldags glas. Garnera med ett ananasblad.

Bästsäljande sommarcocktail 2007 på Employees Only, NYC.

GINGER SNAP

¾ uns. Captain Morgan Original kryddad rom

½ uns. ingefära brännvin

4 oz. äggtoddy

ingefära snaps för garnering (valfritt)

Mixa till önskad konsistens och häll upp i ett glas. Garnera med en ingefära för dunkning om så önskas.

GULDKUR

2 oz. Wray & Nephew rom

1 oz. honung

½ uns. varmt vatten

saft av 1 lime

lime twist till garnering

Blanda honung i varmt vatten tills den är helt upplöst. Tillsätt Wray & Nephew-rom och limejuice. Tillsätt isbitar och skaka. Sila upp i ett kylt cocktailglas. Garnera med en twist av lime.

GULGDÅS

5 oz. Brut champagne

1 oz. osötad ananasjuice

½ uns. Goslings Gold Bermuda rom

ananasstav till garnering

Blanda de två första ingredienserna i en champagneflute. Flytta försiktigt Goslings Gold Bermuda-rom ovanpå, så att den sakta blandas. Garnera med en smal pinne ananas.

GULD SOLNEDGÅNG

1½ uns. Tommy Bahama Golden Sun rom

1 oz. premium apelsinlikör

bränd orange twist till garnering

Häll i en snifter över is och blanda väl. Garnera med bränd apelsin twist.

STEN & GRUS

2 oz. Wray & Nephew rom

2½ uns. Stones ingefära vin

Häll upp i ett Collins glas över krossad is och rör om.

JORDGUBB TROPICOLADA

1¼ uns. Kapten Morgan Parrot Bay rom

½ kopp färska skalade jordgubbar

4 oz. ananas juice

2 oz. mjölk

Häll upp i ett glas över ½ kopp is.

LIDER BASTAD

¼ uns Sailor Jerry Spiced Navy rom

¼ uns vodka

¼ uns gin

¼ uns blå Curacao

dash körsbärsbrandy

3 oz. sur mix

3 oz. apelsinjuice

orange hjul till garnering

Häll upp i ett orkanglas över is och rör om. Garnera med apelsinhjul.

SOMMAR I BELIZE

1½ uns. One Barrel rom

¾ uns. guava nektar

½ uns. apelsinjuice

apelsin twist till garnering

Skaka med is och sila i ett stenglas över färsk is. Garnera med apelsin twist.

SOMMARTID

1 oz. Goslings Black Seal rom

1 oz. Grand Marnier eller Cointreau

2 msk. färsk citronsaft

citronskiva till garnering

citrontwist till garnering

Skaka kraftigt med is och sila upp i ett martiniglas. Garnera med en citronskiva och ett citronskal.

SUNSPLASH

¾ uns. Kapten Morgan kryddad rom

¾ uns. Coco Lopez riktig kräm av kokos

1¼oz. Frangelico likör

5 oz. apelsinjuice

Skaka.

SOLBRÄNNA

1 oz. Kokocaribe kokosrom

1 oz. Baileys Irish cream

Varva i ett snapsglas.

SURFER PÅ X

Lika delar:

kokosrom

ananas juice

Agwa coco leaf likör

Servera på stenarna eller skaka som en shot.

SURFEN ÄR UPP

1 oz. Goslings Gold Bermuda rom

½ uns. Sydlig bekvämlighet

½ uns. bananlikör

1 oz. persikobrännvin

1 oz. färskpressad apelsin juice

streck grenadin

1/8 oz. rostad kokos till garnering

Blanda de första 6 ingredienserna med en kopp is tills den är slät. Häll upp i stora kylda bägare. Strö över rostad kokos. En sked kan behövas. Om du har en känsla för det dramatiska, servera i halverade kokosnötsskal med allt utom en 1/8 tum av kokosnötskött borttaget.

SÖT UPPGIFT

2½ uns. Baileys karamell

¼ uns Kapten Morgan rom

1 msk. malda macadamianötter

1 msk. rakad Godiva vit choklad

TAGORU

1½ uns. Hiram Walker mandarinsnaps

1½ uns. Malibu Tropisk bananrom

    Skaka med is och häll upp i ett kylt martiniglas. Servera rakt upp eller på klipporna.

TATUERING

1½ uns. Kapten Morgan Tattoo rom

Servera kyld i snapsglas.

FRESTELSEN

2 oz. Goslings Gold Bermuda rom

¾ uns. apelsinlikör eller trippelsek

2 oz. tranbärsjuice

Skaka kraftigt med is och sila upp i ett martiniglas.

TENNESSEE TWISTER

1½ uns. Prichards Fine Tennessee rom

½ uns. trippel sek

stänk sötsurt mix

stänk 7UP eller Sprite

limepress

    Servera i ett medelhögt glas och garnera med en klick lime.

    Denna välsmakande drink finns på Cotton Eyed Joe's i Knoxville, TN.

TRE MILE Ö

2 oz. RedRum

4 oz. tranbärsjuice

½ uns. grapefruktjuice

limeklyfta till garnering

Blanda de tre första ingredienserna i ett högt glas med is och garnera med limeklyfta.

BLIXT

1 oz. Stroh Original 80 rom

1 oz. Aftershock likör

några droppar Tabasco

Servera som ett skott.

TIKI

1½ uns. Sailor Jerry Spiced Navy rom

2 oz. tranbärsjuice

2 oz. ananas juice

skvätt sur mix

1 oz. orange curaçao

ananasskiva till garnering

apelsinskiva till garnering

körsbär till garnering

Skaka de första fyra ingredienserna med is och häll upp i ett Collins glas. Flyt orange curaçao ovanpå. Garnera med ananasskiva, apelsinskiva och körsbär.

TIKI SOUR

1½ uns. Sju Tiki-rom

2/3 oz. citron juice

½ uns. gomme eller sockerlag

kanelsocker till kantglas

Rimla ett kylt martiniglas med kanelsocker. Skaka kraftigt med is och sila ner i kanelsockerkantat glas.

TOMMYS BIE

1¾ oz. Tommy Bahama White Sand rom

½ uns. Barenjager honungslikör

1/3 oz. apelsinjuice

1/3 oz. färskpressad limejuice

limeklyfta till garnering

Skaka kraftigt med is och sila upp i ett glas. Garnera med en limeklyfta.

TONYS ÄNNU INTE KÄMDA ROMPUNCH

1 oz. Pyrat XO Reserve rom

1 oz. Sammet Falernum sirap

saft av 1 liten lime

3 oz. färskpressad apelsinjuice

2 streck Angostura bitters

nypa nyriven muskotnöt

ananasspjut till garnering

myntakvist till garnering

Skaka med is tills det är väl blandat. Sila i en 16-oz. bägare över is. Garnera med använt limeskal, ananasspjut och myntakvist.

ÖVERST HYLLAN LÅNG Ö

¼ uns Captain Morgan Original kryddad rom

¼ uns Ciroc vodka

¼ uns Don Julio Blanco tequila

¼ uns Tanqueray London torr gin

¼ uns Grand Marnier

stänk sötsurt mix

1 oz. cola

Skaka med is och häll upp i ett högt glas.

TOPPTIO

1¼ uns. Captain Morgan Original kryddad rom

2 oz. cola

1 oz. grädde av kokos

2 oz. tung grädde

Servera över en kula krossad is.

TORTUGA BANAN BREEZE

2 oz. Tortuga bananrom

1 oz. limejuice

½ uns. bananlikör eller trippelsek

1 banan, skalad och skivad

Blanda med ½ kopp krossad is.

TORTUGA COLADA

2 oz. Tortuga kokosrom

4 oz. ananas juice

1 oz. grädde av kokos

Skaka eller blanda med sprucken is.

TORTUGA PIRAT PUNCH

2 oz. Tortuga kryddad rom

2 oz. mango nektar

2 oz. ananas juice

½ uns. apelsinjuice

½ uns. limejuice

stänk grenadin

Skaka med is. Servera i ett högt glas.

SKATT

1¼oz. Captain Morgan Original kryddad rom

¼ uns Goldschlager

Servera som ett skott.

RESA TILL STRANDEN

½ uns. Malibu rom

½ uns. persikosnaps

½ uns. Smirnoff vodka

3 oz. apelsinjuice

Servera över is.

TROPIC FRYS

1¼ uns. Captain Morgan Original kryddad rom

2 oz. apelsinjuice

2 oz. ananas juice

1½ uns. grädde av kokos

½ uns. grenadin

ananasskiva till garnering

Blanda med 12 oz. krossad is tills den är slät. Servera i specialglas. Garnera med ananasskiva.

TROPISK BANANBOL

1 del Malibu Tropical bananrom

½ del melonlikör

Skaka med is och servera i ett snapsglas.

TROPISK BANANDROPPE

1 oz. Malibu Tropisk bananrom

1 oz. Stoli Citros vodka

¼ uns citron juice

1/8 oz. enkel sirap

TROPISK BRIS

1¼ uns. Captain Morgan Original kryddad rom

4 oz. tranbärsjuice

myntakvist till garnering

Servera på stenarna. Garnera med mynta.

TROPISK GLÄDJE

½ uns. Captain Morgan Original kryddad rom

¼ uns crème de cacao

½ uns. crème de banana

3 oz. hälften och hälften

nypa muskotnöt till garnering

Skaka väl och häll upp i ett cocktailglas över is. Garnera med muskotnöt.

TROPISK KLIA

1 oz. RedRum

1 oz. vodka

½ uns. Grand Marnier

3 oz. passionsfruktjuice

Skaka med is och häll upp i ett högt glas.

TROPISKT PARADIS

1¼ uns. Captain Morgan Original kryddad rom

2 oz. apelsinjuice

½ banan

2 oz. grädde av kokos

¼ uns grenadin

ananasskiva till garnering

Blanda med 1 dl krossad is tills den är slät. Servera i specialglas. Garnera med ananasskiva och en palmrörare.

TROPISK TINI

2 oz. Whaler's Paradise ananasrom

1 oz. Burnetts vaniljvodka

skvätt apelsinjuice

Rör om med is och servera i ett martiniglas.

TROPISK SKATT

2½ uns. Captain Morgan Parrot Bay passionsfruktrom

¼ uns persikosnaps

2 oz. apelsinjuice

stänk grenadin

2 oz. grädde

Häll upp i ett highballglas över is. Vispa.

TROPISK VÅG

1¼ uns. Captain Morgan Original kryddad rom

4 oz. apelsinjuice

1 oz. tranbärsjuice

ananasskiva till garnering

Skaka med is och häll upp i ett högt glas. Garnera med ananasskiva.

TROPICO 2000 COCKTAIL

2 oz. Bacardi 151 rom

2 oz. Bacardi Tropico

drop Martini & Rossi söt vermouth

Skaka med is. Servera över färsk is i ett högt glas.

RIKTIG PASSION

1½ uns. Tommy Bahama Golden Sun rom

½ uns. hallonlikör

1 oz. apelsinjuice

2 oz. passionsfruktjuice

1 oz. söt och syrlig

champagne till toppen

Häll de första fem ingredienserna i ett skorstensglas över is. Toppa med champagne och garnera med en färsk orkidé.

TWISTED ISLAND BREEZE

2½ uns. Captain Morgan Parrot Bay ananasrom

2 oz. grapefruktjuice

skvätt tranbärsjuice

2 oz. ananas juice

ananasskiva till garnering

Häll upp i ett highballglas över is och rör om. Garnera med ananasskiva.

UNDER TÄCKET

1 oz. Goslings Black Seal rom

½ uns. bourbon

½ uns. Galliano

4–5 oz. varm choklad

2 oz. tung grädde

riven choklad att strö över

Häll de tre första ingredienserna i en värmetålig irish coffee mugg och rör om. Tillsätt den varma kakaon. Flyt grädde på toppen och strö över riven choklad.

VAMPYR

2 oz. Cruzan vaniljrom

2 oz. citron-lime soda

stänk grenadin

Häll Cruzan vaniljrom i ett highballglas över is. Fyll med citron-lime soda och toppa med grenadin.

VANILLE KÖRSBÄR

1 oz. Whaler's Vanilj rom

saft av 1 lime

½ uns. trippel sek

½ uns. konjak med körsbärssmak

apelsinklyfta till garnering

Skaka med is och häll upp i ett kylt cocktailglas. Garnera med apelsinklyfta.

VANILLPASSION

1 oz. Whaler's Vanilj rom

1 oz. passionsfruktjuice

3 oz. apelsinjuice

1 oz. Midori melonlikör

Servera över is.

VANILJSTÄNK

1½ uns. Whaler's Vanilj rom

5 oz. ananas juice

limepress

körsbär till garnering

Blanda och häll upp i ett margaritaglas eller ett cocktailglas över is. Garnera med körsbär.

VANILLE SOLUPPGÅNG

1 oz. Whaler's Vanilj rom

4 oz. apelsinjuice

1 oz. grenadin

Blanda och häll upp i ett Collins glas över is.

SAMMET ROSA

12/3 oz. Tommy Bahama White Sand rom

1/3 oz. persikosnaps

1 oz. tranbärsjuice

champagne till toppen

Skaka de första tre ingredienserna snabbt med is. Sila upp i ett kylt glas och toppa med champagne. Rör om snabbt och garnera med en liten blomma.

VICIOUS SID

1½ uns. Puertoricansk lätt rom

½ uns. Sydlig bekvämlighet

½ uns. Cointreau eller triple sek

1 oz. citron juice

skvätt bitter

Skaka med is. Servera över is.

VIRGIN-ILAND KAFFE

1 oz. VooDoo kryddad rom

1 oz. Kahlúa

½ uns. grädde

5 oz. varmt kaffe

vispad grädde till toppen

Häll de tre första ingredienserna i en mugg. Fyll med kaffe och toppa med vispgrädde.

VOODOO DOCKA

2 oz. VooDoo kryddad rom

4 oz. Rockstar energidryck

citron till garnering

Blanda i ett högt glas över is. Garnera med citron.

VOODOO-MAGI

2 oz. VooDoo kryddad rom

Lika delar:

    7UP

    sötsur mix

skvätt tranbärsjuice

pressa citron

Skaka de tre första ingredienserna med is. Tillsätt tranbärsjuice och en stor kläm citron. Servera som ett skott.

VOODOO VULKAN

1 oz. VooDoo kryddad rom

1 oz. Kahlúa

½ uns. grädde

Skaka med is. Sila ner i ett snapsglas och skjut det!

VOYAGER

1½ uns. Captain Morgan Original kryddad rom

¼ uns créme de banana

6 oz. varm äppelcider

Häll cidern i en mugg. Rör i Captain Morgan Original kryddad rom och crème de banana.

V/XTASY

2 oz. Appleton Estate V/X Jamaica rom

1½ uns. trippel sek

½ uns. apelsinjuice

1 oz. ananas juice

¼ uns grenadin

körsbärs- eller apelsinskiva till garnering

Fyll shakern till hälften med is. Tillsätt Appleton Estate V/X Jamaica-rom, sedan grenadin, apelsinjuice och ananasjuice. Tillsätt slutligen triple sec och skaka kraftigt. Häll upp i ett högt glas. Toppa med körsbär eller apelsinskiva.

VALSBANAN

1 del Malibu Tropical bananrom

1 del blå curaçao

ananasjuice att fylla

Servera över is.

VÅGSKÄRAREN

1½ uns. Mount Gay rom

1 oz. tranbärsjuice

1 oz. apelsinjuice

Skaka.

VÄLKOMMEN 10

2 oz. 10 Cane rom

4 bitar färsk ananas

färsk ingefära efter smak

skvätt färskpressad limejuice

skvätt enkel sirap

1 tsk. socker i det råa

1 oz. ananas juice

Blanda i ett highballglas ananas, ingefära, socker i råen, limejuice och enkel sirap. Tillsätt isbitar, 10 Cane rom och ananasjuice. Rör om och garnera med ett ananasblad.

VALBEN

1 oz. Tanduay 5 Years Rhum (eller Tanduay Dark Rhum)

¼ uns grenadin

½ uns. citron juice

2 oz. kolsyrat vatten

saft av ½ lime eller calamansi

ananasskiva till garnering

½ calamansi till garnering

röda körsbär till garnering

Rör om med sprucken is och servera i en 8-oz. highball glas. Garnera med en skiva ananas, ett skal eller hälften av en calamansi och ett rött körsbär.

WAL'S ANDAS

1 oz. Whaler's kryddad rom

1 oz. tranbärsjuice

4 oz. apelsinjuice

limeklyfta till garnering

Blanda med is och häll upp i ett glas över is. Garnera med limeklyfta.

DEN VILDA ORRKANEN

1 oz. Wray & Nephew rom

1 oz. Appleton V/X rom

1 oz. Appleton vit rom

¼ uns orange curaçao

¼ uns aprikosbrännvin

¼ uns färsk limejuice

3 oz. färskpressad apelsin juice

3 oz. ananas juice

3 oz. grenadinsirap

1/8 oz. skalad banan

bananskiva till garnering

Skaka kraftigt med is och sila ner i ett glas med färsk is. Garnera med bananskiva.

VINTER I TRINIDAD

1½ uns. 10 Cane rom

½ uns. Navan

2 oz. hälften och hälften

1 msk. florsocker

kanel till garnering

Kombinera 10 Cane, Navan, halv-och-halva och strösocker i ett mixerglas. Tillsätt is och skaka kraftigt. Sila upp i ett kylt martiniglas. Garnera med mald kanel.

HÄXDOKTOR

1½ uns. VooDoo kryddad rom

5 oz. Dr Pepper

färsk lime till garnering

Häll VooDoo-kryddad rom i ett glas över is, toppa med Dr. Pepper och rör om. Garnera med en färsk lime.

X-TREME COLADA

2 oz. Appleton Estate V/X Jamaica rom

2 oz. ananas juice

¾ uns. söt grädde

¾ uns. grädde av kokos

ananasklyfta till garnering

Blanda med 1 skopa krossad is. Servera i ett colada- eller stenglas. Garnera med ananasklyfta.

GUL FÅGEL

1¾ oz. Bacardi rom

¼ uns Liquore Galliano

¼ uns Hiram Walker crème de banana

2 oz. ananas juice

2 oz. apelsinjuice

Skaka med is och servera i ett högt glas.

ZIGGYS STARRDUST

2 oz. Starr afrikansk rom

1 oz. ananas juice

1 oz. apelsinjuice

stänk sött och surt

stänk grenadin

citronsaft till glaskanten

socker till glaskant

Belägg kanten på ett martiniglas med citronsaft. Lägg socker på en tallrik och doppa kanten på glaset i sockret. Skaka de fyra första ingredienserna med is och sila ner i det sockerkantade martiniglaset. Häll långsamt en skvätt grenadin i glaset så att det sjunker till botten och skapar ett flerfärgat lager.

ZOMBIE 151°

1 oz. Goslings Gold Bermuda rom

1 oz. Goslings Black Seal rom

1 oz. aprikosbrännvin

½ uns. triple sec (eller Cointreau)

½ uns. grenadin

2 oz. apelsinjuice

2 oz. sur mix

1/8 oz. Roses limejuice

½ uns. Goslings Black Seal 151°

citronskiva till garnering

limeskiva till garnering

Skaka de första åtta ingredienserna i ett stort blandningsglas 3/4 fyllt med sprucken is. Sila ner i ett stort Collins- eller highballglas. Toppa med Goslings Black Seal 151°. Garnera med varsin skiva citron och lime.

ZOMBIE HUT'S KOM-OM-JAG-VILL-LEI-YA

2 delar Malibu Tropical bananrom

½ del Malibu passionsfruktsrom

skvätt ananasjuice

Skaka och sila upp i snapsglas.

ZOMBIE HUTS MAMA'S BANA BANANER

1 del Malibu Tropical bananrom

½ del Malibu kokosrom

club soda att fylla

stänk grenadin

körsbär till garnering

Servera med is och garnera med körsbär.

AVOKADOSOPPA

¼ kopp Puerto Rico rom

1 stor (eller 2 medelstor) mogen avokado, skalad, kärnad och hackad

1 dl kycklingfond eller buljong

1 kopp tung grädde

¼ kopp citronsaft

salt och vitpeppar efter smak

Mixa de första fem ingredienserna till en slät smet. Krydda med salt och peppar efter smak. Servera kall. Serverar 4.

BACARDI DUBBELCHOKLAD ROMKAKA

1 kopp Bacardi mörk rom

1 förp. (18½ oz.) chokladkakamix

1 förp. choklad instantpudding och pajfyllning

¾ kopp vatten

½ kopp vegetabilisk olja

4 ägg

12 oz. halvsöt choklad, hackad

1 kopp hallonkonserver

2 msk. förkortning

1 oz. vaniljstång

Värm ugnen till 350°F. Kombinera kakmix, pudding, ägg, ½ kopp av Bacardi mörk rom, vatten och olja i en stor mixerskål. Använd en elektrisk mixer och vispa på låg hastighet tills den är fuktad. Vispa på medelhastighet 2 minuter. Rör ner 1 kopp chokladbitar. Häll smeten i en smord 12-kopps buntpanna eller 10-tums tubpanna. Grädda 50 till 60 minuter tills tårtan är klar. Kyl i pannan 15 minuter. Ta bort från pannan; svalna på galler.

Värm hallonkonserver och återstående ½ kopp Bacardi mörk rom i en liten kastrull. Sila genom en sil för att ta bort frön. Lägg kakan på ett serveringsfat. Pricka ytan på kakan med en gaffel. Pensla hallonglasyr jämnt över kakan, låt kakan absorbera glasyr. Upprepa tills all glasyr har absorberats.

I en skål, kombinera återstående 1 dl chokladbitar och matfett. Mikrovågsugn på hög 1 minut eller tills smält. Rör om tills det är slätt. Eller värm blandningen över hett (inte kokande) vatten tills chokladen smält och blandningen är slät. Häll chokladglasyr över tårtan. Låt stå i 10 minuter. I en liten skål, kombinera vaniljstång och 1 tsk. vatten. Mikrovågsugn på hög 30 sekunder eller tills smält. Eller, smält över hett (inte kokande) vatten. Ringla ovanpå chokladglasyren.

BACARDI PEACH COBBLER

För persikoskomakare:

½ kopp Bacardi ljus rom

6 koppar skalade och skivade persikor eller 2 20-oz. paket frysta persikor, tinade

½ kopp farinsocker

3 msk. majsstärkelse

1 msk. citron juice

2 tsk. Smör

1 dl hackade valnötter

För streusel topping (valfritt):

1 dl kexmix

½ kopp havregryn

½ kopp farinsocker

4 msk. margarin

½ tsk. kanel

För att göra persikoskomakare:

Värm ugnen till 375°F. I en stor skål, kombinera persikor, Bacardi ljus rom, farinsocker, majsstärkelse, citronsaft och valnötter. Lägg i en ugnsfast form. Pricka med margarin. Avsätta.

För att göra streusel topping:

I en liten skål, kombinera alla topping ingredienser. Arbeta snabbt med fingrarna och blanda tills det liknar grovt mjöl.

Att bygga ihop:

Strö streusel topping över persikor och grädda i 45 minuter. Servera varm. Om så önskas, toppa med vanilj- eller romrussinglass.

BACARDI JORDGUBBSMUS

½ kopp Bacardi ljus rom

1 10-oz. pkg. frysta jordgubbar, tinade

1 kopp socker

2 förp. gelatin utan smak

2½ dl vispgrädde, delad

½ kopp vatten

Mjuka upp gelatinet i ½ dl vatten. Värm på låg värme tills gelatinet lösts upp. Kyl till rumstemperatur. Mosa jordgubbar i matberedare eller mixer. Tillsätt socker och blanda väl. Tillsätt avsvalnat gelatin och rör om väl. Ställ blandningen i kylen tills den börjar stelna. Vispa 1½ dl vispgrädde. Ta bort jordgubbsblandningen från kylskåpet; tillsätt Bacardi light rom och blanda väl. Vänd i vispad grädde. Häll i en 2-liters suffléform eller serveringsskål. Kyla. När den är fast, dekorera med återstående grädde, vispad (1 kopp) och färska skivade jordgubbar. Serverar 4 till 6.

BANANFOSTER

¼ kopp (½ pinne) smör

1 kopp farinsocker

½ tsk. kanel

¼ kopp bananlikör

4 bananer, halverade på längden och sedan halverade

¼ kopp mörk rom

4 skopor vaniljglass

Blanda smör, socker och kanel i en flamberad panna eller stekpanna. Sätt pannan på låg värme antingen på en spritbrännare eller ovanpå spisen och koka under omrörning tills sockret löst sig. Rör ner bananlikören och lägg sedan bananerna i pannan. När banansektionerna mjuknar och börjar få färg, tillsätt försiktigt rommen. Fortsätt att koka såsen tills rommen är varm, tippa sedan pannan något för att antända rommen. När lågorna sjunkit, lyft upp bananerna ur pannan och lägg fyra bitar över varje portion glass. Häll generöst varm sås över toppen av glassen och servera omedelbart.

Tack vare Brennan's, New Orleans, LA.

PANERADE Fläskkotletter med örter

¼ kopp Puerto Rico ljus rom

8 tunna fläskkotletter

½ dl grädde

2 ägg

salt och nymalen peppar

1 tsk. söt basilika

1 tsk. mejram

1 tsk. oregano

kryddat brödsmulor

olivolja

Rengör och putsa fläskkotletterna från överflödigt fett. Blanda grädde, Puerto Rico lätt rom, ägg, salt, peppar, söt basilika, mejram och oregano tillsammans. Doppa varje fläskbit i gräddblandningen och muddra sedan i de kryddade brödsmulorna. Hetta upp oljan i en stekpanna och bryn kotletterna på båda sidor. Täck över och låt sjuda tills det är genomstekt. Serverar 4.

BURRITOS

¼ kopp Bacardi ljus rom

1½ lbs. köttfärs

¼ kopp lök, finhackad

1 tsk. salt

¼ tsk. nymalen peppar

½ tsk. vitlökspulver

1 msk. Chili pulver

Tomatsås (se nedan)

12 7-tums mjöltortillas

1½ koppar refried bönor

olja för stekning

Stek köttfärs i en stekpanna tills det fått fin färg. Tillsätt lök och krydda väl med salt, peppar, vitlökspulver och chilipulver. Blanda i Bacardi ljus rom och tomatsås och fortsätt koka tills den är väl uppvärmd. Fördela lite av de refried bönorna på var och en av tortillorna och lägg en stor sked av köttblandningen åt sidan. Vik ändarna på tortillan så att de täcker köttblandningen och rulla sedan tortillorna, börja med sidan med köttblandningen. Lägg burritos med fliken nedåt i en stekpanna med olja och stek i flera minuter. Vänd så att alla sidor är jämnt tillagade. Ta bort från pannan och låt rinna av på hushållspapper. Servera omedelbart.

Till tomatsås:

2 msk. olivolja

½ medelstor lök, finhackad

1 vitlöksklyfta, finhackad

½ tsk. torkad basilika

1 28-oz. burk hela tomater, inklusive juice, strimlad med fingrarna

salt och nymalen peppar efter smak

Hetta upp olivolja i en stor stekpanna på medelvärme. Tillsätt hackad lök och rör om för att täcka. Sänk värmen till låg och koka tills den är genomskinlig. Tillsätt hackad vitlök och koka i 30 sekunder. Tillsätt tomater och basilika; krydda med salt och peppar. Låt sjuda på låg nivå, sänk värmen till låg och koka utan lock tills det tjocknat, cirka 15 minuter.

SMÖRDA REDBETOR

½ kopp Puertoricansk ljus rom

2 16-oz. burkar hela bebisbetor med vätska

¼ kopp farinsocker

¼ kopp smör (½ pinne)

¼ kopp russin

Värm ugnen till 325°F. Lägg rödbetor och vätska i en ugnsfast form. Strö över farinsocker och tillsätt smör och Bacardi ljus rom. Tillsätt russin. Täck över och grädda i cirka 20 minuter. Serverar 6 till 8.

KANDIERAD YAMS

1 kopp Bacardi ljus rom

2 28-oz. burkar jams, avrunnen

½ -¾ koppar farinsocker

½ tsk. muskot

3 msk. Smör

1 kopp apelsinjuice

1 11-oz. kan mandarin apelsiner

2 koppar miniatyrmarshmallows

Värm ugnen till 350°F. Lägg yams i en stor ugnssäker serveringsform. Strö farinsocker och muskotnöt över jammarna. Placera smör i tre delar av skålen. Häll apelsinjuice över allt. Lägg mandarin apelsiner över toppen av jamsen. Tillsätt Bacardi ljus rom. Strö miniatyrmarshmallows jämnt över och runt toppen av fatet. Grädda i 20 till 30 minuter eller tills jamsen är ordentligt uppvärmd och marshmallowsen smält. Serverar 6 till 8.

CHEDAR OSTSÅS

2 msk. Bacardi ljus rom

1 msk. Smör

1 msk. mjöl

½ kopp mjölk

1 dl riven cheddarost

salt och vitpeppar efter smak

¼ tsk. torr senap

Smält smöret i en kastrull och rör långsamt ner mjölet tills det bildas en roux. Blanda mjölken och Bacardi light rom tillsammans. Häll långsamt blandningen i rouxen, rör hela tiden med en trådvisp. När all mjölkblandning har använts börjar du lägga till cheddarosten, lite i taget. Fortsätt att röra om blandningen medan osten tillsätts för att hålla såsen flytande och slät. Krydda med salt, vitpeppar och torr senap. Fortsätt att röra och koka såsen tills den tjocknat något.

KÖRSBORDSSKINKA

½ kopp Bacardi ljus rom

4 skivor förkokt skinka, ½ - till 1 tum tjocka

3 msk. Smör

½ tsk. torr senap

mald kryddnejlika efter smak

1 16-oz. burk urkärnade körsbär, avrunna och vätska reserverade

1 msk. majsstärkelse

Rengör och putsa skinkskivorna från överflödigt fett. Smält smör i en stor stekpanna och tillsätt Bacardi ljus rom, torr senap och mald kryddnejlika. Tillsätt körsbär och lite av den reserverade vätskan. Lägg skinkskivor i såsen och koka tills köttet är genomvärmt. Blanda majsstärkelse med lite av den reserverade vätskan och tillsätt långsamt blandningen till såsen tills den börjar tjockna. Justera kryddningen efter smak. Servera sås och körsbär varma över skinkskivorna. Serverar 4.

KYCKLING UPPSTÄRKNINGAR

¼ kopp Puerto Rico ljus rom

¼ kopp smält smör

¼ kopp apelsinjuice

½ tsk. rivet apelsinskal

½ tsk. salt

1/8 tsk. mald ingefära

1/8 tsk. peppar

1 vitlöksklyfta, krossad

1 lb. uppskuren fritös kyckling

Värm ugnen till 350°F. Blanda alla vätskor och kryddor. Pensla kycklingdelarna generöst med blandningen. Lägg kycklingbitarna med skinnsidan uppåt i en grund ugnsform, tråckla då och då med den återstående blandningen. Grädda 1 timme eller tills de är gyllene och mjuka. Serverar 4.

KYCKLINGSALLAD

1/8 kopp Bacardi ljus rom

1 kopp majonnäs

1/8 kopp söt relish

1/8 kopp catsup

2 dl kokt kyckling

1 kopp tärnad selleri

½ huvud sallad eller avokadoskal

skvätt paprika

8 bitar av piment

Blanda de fyra första ingredienserna i en skål. Tillsätt kycklingen och sellerin. Kyl i kylen innan servering. Servera på salladsbädd eller i avokadoskal. Garnera med ett stänk paprika och bitar av piment. Serverar 4.

Kycklingpinnar

3 msk. Bacardi mörk rom

12 kycklingvingar

2/3 kopp kryddat brödsmulor

1 oz. smör eller margarin

salt och peppar efter smak

Skär kycklingvingarna på mitten med en vass kniv. Lägg dem i en grund form. Ringla Bacardi mörk rom över vingarna. Täck och svalna i flera timmar, vrid vingarna en eller två gånger. Rulla vingar i de kryddade brödsmulorna, täck väl. Fräs i smör eller margarin i 18 till 20 minuter. Strö över salt och peppar. Gör 24 stycken.

KOKOSRIS & DRUCKNA ÄRTER

¼ kopp Mount Gay Eclipse rom

1 kopp torkade röda kidneybönor (6 ½ oz.)

4 koppar vatten

2 burkar kokosmjölk

2 dl kokande vatten

5 tsk. kosher salt

2 salladslökar, putsade och lämnade hela

2 färska timjankvistar

1 hel grön skotsk bonnetpeppar eller habanero chile

5 koppar vatten

4 koppar långkornigt ris (ej omvandlat)

Sjud kidneybönor i 4 dl vatten i en 5-liters kastrull, täckt, tills bönorna är nästan mjuka, cirka 1¼ timmar (låt inte rinna av). När nästan mjuk, tillsätt Mount Gay Eclipse rom och låt dra. Rör om 1 burk kokosmjölk till nästan mjuka bönor tillsammans med salt, salladslök, timjan och skotsk bonnetpeppar eller habanero chile, låt sedan sjuda under lock i 15 minuter.

Tillsätt 4½ dl vatten och låt koka upp. Rör ner riset och koka upp igen, rör sedan i den andra burken kokosmjölk. Omslag. Sänk värmen till låg och koka tills vattnet absorberats och riset är mört, cirka 20 minuter. Ta bort från värmen och låt stå, täckt, i 10 minuter, fluffa sedan med en gaffel. Kasta salladslök, timjan och chili. Gör 10 till 12 tillbehörsportioner.

Grädde AV SVAMPSOPPA

¼ kopp Bacardi ljus rom

½ pund hackad svamp

¼ kopp hackad lök

¼ kopp hackad selleri

5 dl kycklingfond eller buljong

4 msk. Smör

¼ kopp mjöl

1 dl grädde

salt och nymalen peppar efter smak

Lägg svamp, lök och selleri i en kastrull med kycklingfond eller buljong och låt sjuda i 20 minuter. Ta av från värmen och låt svalna något, blanda sedan ingredienserna till en puré. Återställ soppan till värmen. Knåda ihop smör och mjöl och vispa ner i soppan för att tjockna den. Tillsätt grädde och smaka av med salt och peppar. Tillsätt Bacardi light rom och rör om ordentligt, låt soppan sjuda tills den är genomvärmd. Serverar 4 till 6.

DAIQUIRI PAJ

1/3 kopp Puerto Rico ljus rom

1 förp. (4 portionsstorlek) Jell-O-märkt citroninstantpudding och pajfyllning

1 3-oz. pkg. Gelatin med Jello-O limesmak

1/3 kopp socker

2½ dl vatten

2 ägg, lätt vispade

2 koppar Cool Whip icke-mejerivispad topping, tinad

1 bakad 9-tums smulskorpa, kyld

Blanda pudding, gelatin och socker i en kastrull. Rör i ½ kopp vatten och ägg; blanda väl. Tillsätt återstående vatten. Rör om på medelvärme tills blandningen kokar upp helt. Avlägsna från värme; rör i Puerto Rico lätt rom. Kyl ca 1½ timme. (För att påskynda kylningen, placera en skål med fyllningsblandningen i en större skål med is och vatten; rör om tills blandningen är kall.) Blanda toppingen i den kylda blandningen. Skeda i skorpan. Kyl tills den stelnar, cirka 2 timmar. Garnera med ytterligare vispad topping och lime- eller citronskivor, rivet lime eller citronskal eller grahamssmulor.

FETTUCCINE A LA RUM

1 pund fettuccine

saltat kokande vatten

½ kopp mjukt smör (1 pinne)

1 kopp tung grädde

½ kopp Bacardi mörk rom

2 dl riven parmesanost

nymalen svartpeppar, efter smak

½ tsk. muskot

Koka fettuccine i saltat kokande vatten tills den är mjuk, cirka 4 till 5 minuter. Strax innan fettuccinen är klar, smält smör i en gryta på låg värme. Tillsätt lite av den tunga grädden, Bacardi mörk rom och parmesanost och rör om noggrant tills det är slätt. När fettuccinen är klar, lägg nudlarna i en gryta och rör försiktigt för att täcka med smör- och gräddblandningen. Tillsätt återstående grädde, mörk Bacardi rom och ost, lite i taget, och fortsätt att blanda och blanda nudlarna. Krydda efter smak med peppar och muskotnöt. Serverar 4 till 6.

FÄRSK TRINBÄRSSÅS

½ kopp Bacardi ljus rom

4 dl färska tranbär

½ kopp apelsinjuice

¾ kopp socker

¼ tsk. ingefära

½ tsk. kryddnejlika

½ tsk. kanel

Rensa och tvätta tranbär. Blanda tranbär med apelsinjuice och Bacardi light rom och låt koka upp i en kastrull. Fortsätt att röra på medelvärme och tillsätt socker och kryddor. Rör om tills det lösts upp. Kyl tills den ska serveras, eller servera varm. Ger cirka 4 koppar.

FRUKTSALLAD MED PIÑA COLADA-DRESSING

För dressing:

¼ kopp Bacardi ljus rom

1 kopp tung grädde

¼ kopp bananyoghurt

¼ kopp ananasjuice

1 msk. kokosgrädde

För fruktsallad:

5 salladsblad

½ kopp önskad frukt, skalad och skivad

½ dl riven kokos

För att göra dressing:

Vispa grädden i en medelstor skål tills den tjocknar men inte blir styv. Vänd ner yoghurt, ananasjuice, Bacardi light rom och kokosgrädde. Gör cirka 1¾ koppar.

För att montera sallad:

Lägg upp salladsblad på ett stort fat. Lägg frukten dekorativt över sallad. Strö över kokos. Servera med dressing.

GUACAMOL

2 mogna avokado, skalade, kärnade och mosade

1 tomat, skalad, kärnad och hackad

½ dl finhackad salladslök eller lök

1 msk. citron juice

salt att smaka

nymalen svartpeppar efter smak

½ tsk. koriander

1 oz. Puerto Ricansk rom

½ tsk. Chili pulver

½ tsk. vitlökspulver

Blanda ingredienserna noggrant och kyl innan servering. Gör cirka 1½ koppar.

HOLLANDAISESÅS

1½ msk. Puerto Ricansk rom

3 äggulor

1½ msk. citron juice

1½ msk. vatten

¼ lb smör, smält

¼ tsk. salt

I toppen av en dubbelkokare över (inte i) varmt vatten, vispa äggulorna tills de börjar tjockna. Blanda citronsaften, Puerto Rico-romen och vattnet och värm blandningen i en liten kastrull. Tillsätt långsamt citronblandningen i äggulorna medan du fortsätter att vispa med en visp. Häll långsamt i det smälta smöret, lite i taget, medan du fortsätter att vispa såsen. Tillsätt saltet medan du häller i smöret. Servera varm. Ger 1 kopp.

MALIBU ROMTÅRTA

För tårta:

1½ dl Malibu rom

1 förp. gul kakmix (ingen pudding)

1 förp. instant vaniljpudding

4 ägg

1½ dl vegetabilisk olja

För glasyr:

½ kopp Malibu rom

¼ pund smör

¼ lb vatten

1 kopp socker

För att göra tårta:

Värm ugnen till 325°F. Blanda alla ingredienser för hand. Grädda i en buntform med 12 koppar i en timme.

För att göra glasyr:

Smält smör; rör ner vatten och socker. Koka 5 minuter, rör hela tiden. Ta bort från värmen och tillsätt Malibu-rom. Låt svalna något innan kakan glaseras.

MANGO FLAMBÉ

1/3 kopp Mount Gay XO mörk rom

4 1-lb. fast mogna mango

½ kopp råsocker

Värm ugnen till 400°F. Tvätta och torka mango. Ta bort 2 plana sidor av varje mango med en vass kniv, skär på längden längs med gropen och skär så nära gropen som möjligt så att mangoköttet är i 2 stora bitar. Gör ett kryssmönster med en liten vass kniv. Ta tag i frukten i båda ändar och vänd ut och in för att göra köttsidan konvex.

Ordna frukt, med skinnsidan nedåt, i en stor ytlig ugnsform klädd med folie och strö över 4 matskedar socker. Grädda i ugnen i 5–8 minuter tills frukten är gyllenbrun. (Det kommer inte att bryna jämnt.) Lägg frukt på ett stort fat.

Koka Mount Gay XO mörk rom med resterande socker och smör i en liten kastrull på måttligt låg värme, under omrörning, tills sockret är upplöst. Ta bort från värmen, tänd sedan försiktigt rom med en köksständsticka och häll, fortfarande flammande, över varma mango. Servera omedelbart.

MARINERAD KYCKLING

½ kopp Puerto Rico mörk rom

2 dl färsk apelsinjuice

skal av 2 apelsiner

2 msk. hackad mynta

1/8 oz. Curry pulver

½ uns. hackad koriander

½ uns. finhackad vitlök

¼ kopp sojasås

1 hel kyckling, skuren

Blanda alla ingredienser utom kycklingen i en grund ugnsform. Lägg kycklingen i marinaden över natten. Grilla kycklingen, strö med marinaden tills den är klar.

MINIBOLLAR

1½ msk. Bacardi ljus rom

2 msk. Soja sås

1 vitlöksklyfta, pressad

1 tsk. mald ingefära

1 lb. slipad chuck

Värm ugnen till 300°F. Blanda de fyra första ingredienserna. Tillsätt den malda chucken och blanda väl. Forma till bollar ca 1 tum i diameter. Grädda i 12 till 15 minuter, vänd en gång. Servera med tandpetare.

MOKAPAJ

½ kopp Puerto Rico mörk rom

2 dl styvvispad grädde

¼ kopp socker 1 grahamspajskal

½ uns. en bit söt choklad

1/8 tsk. kanel

1/8 oz. instant espresso granulat

Kombinera vispad grädde med socker och Puerto Rico mörk rom. Häll blandningen i skorpan. Riv choklad ovanpå. Strö över kanel och espresso efter smak.

MORGANS KRYDDA PÄRON MED VANILJROMKRÄM

För vaniljromkräm:

¼ kopp Captain Morgan kryddad rom

1 pint vaniljglass, något mjukad

För päron:

1/3 kopp Captain Morgan kryddad rom

8 fasta mogna päron

saft och rivet skal av 1 citron

½ kopp aprikoskonserver

¼ kopp vaniljkaksmulor

¼ kopp hackad mandel

För att göra vaniljromkräm:

Blanda glass och Captain Morgan kryddad rom. Frysa. Mjuka upp igen innan servering.

För att göra päron:

Värm ugnen till 350°F. Skala päron, lämna stjälkar kvar; kärna från botten. Häll citronsaft över päron. I en kastrull, värmekonserverar, Captain Morgan kryddad rom och citronskal tills det kokar. Belägg päron med sås och rulla sedan i smulor och nötter. Stå upprätt i ugnsform med överflödig sås; koka päronen mjuka, ca 30 minuter.

Servera med romkräm. Serverar 8.

LÖKSOPPA

½ kopp Bacardi ljus eller mörk rom

2 lökar, skalade och tunt skivade

smör till stekning

6 dl nötbuljong

salt att smaka

nymalen peppar efter smak

6 skivor franskbröd, lätt rostat

riven parmesanost

Gruyereost (valfritt)

Värm ugnen till 275°F. Fräs den skivade löken lätt i smör tills den fått lite färg. Tillsätt nötbuljongen och ¼ kopp Bacardi ljus eller mörk rom och smaka av med salt och peppar. Täck över och låt sjuda på låg värme i 30 minuter. Rör i ¼ kopp Bacardi ljus eller mörk rom. Häll soppan i en gryta eller 6 individuella serveringsfat. Lägg franskbröd (rostat lätt) över soppan och strö parmesanost över. Placera skålen eller rätterna i förvärmd ugn i cirka 5 minuter, eller tills osten har smält. Servera omedelbart. Serverar 6.

PARMESAN OST SPRIDNING

¼ kopp Bacardi ljus rom

½ kopp gräddfil

1 dl riven parmesanost

3 skivor bacon, kokt och hackad

Blanda ihop ingredienserna noggrant. Gör cirka 1½ koppar.

Att tjäna:

Bred ut blandningen på små skivor rostat bröd, cocktailrågbröd eller små bitar engelsk muffins och kör under broilern i flera minuter tills den är gyllene.

www.ingramcontent.com/pod-product-compliance
Lightning Source LLC
Chambersburg PA
CBHW070412120526
44590CB00014B/1360